TRANZLATY

La Langue est pour tout le Monde

Jezik je za sve

La Belle et la Bête

Ljepotica i Zvijer

Gabrielle-Suzanne Barbot de Villeneuve

Français / Hrvatski

Copyright © 2025 Tranzlaty
All rights reserved
Published by Tranzlaty
ISBN: 978-1-80572-039-3
Original text by Gabrielle-Suzanne Barbot de Villeneuve
La Belle et la Bête
First published in French in 1740
Taken from The Blue Fairy Book (Andrew Lang)
Illustration by Walter Crane
www.tranzlaty.com

Il était une fois un riche marchand
Bio jednom jedan bogati trgovac
ce riche marchand avait six enfants
ovaj bogati trgovac imao je šestero djece
il avait trois fils et trois filles
imao je tri sina i tri kćeri
il n'a épargné aucun coût pour leur éducation
nije štedio za njihovo obrazovanje
parce qu'il était un homme sensé
jer je bio razuman čovjek
mais il a donné à ses enfants de nombreux serviteurs
ali je svojoj djeci dao mnogo slugu
ses filles étaient extrêmement jolies
njegove su kćeri bile izuzetno lijepe
et sa plus jeune fille était particulièrement jolie
a posebno je bila lijepa njegova najmlađa kći
Déjà enfant, sa beauté était admirée
kao dijete već su se divili njezinoj ljepoti
et les gens l'appelaient à cause de sa beauté
a narod ju je prozvao po ljepoti
sa beauté ne s'est pas estompée avec l'âge
njezina ljepota nije nestala kako je starila
alors les gens ont continué à l'appeler par sa beauté
pa ju je narod stalno prozivao po ljepoti
cela a rendu ses sœurs très jalouses
zbog toga su njezine sestre bile vrlo ljubomorne
les deux filles aînées avaient beaucoup de fierté
dvije najstarije kćeri imale su veliki ponos
leur richesse était la source de leur fierté
njihovo je bogatstvo bilo izvor njihovog ponosa
et ils n'ont pas caché leur fierté non plus
a nisu krili ni ponos
ils n'ont pas rendu visite aux filles d'autres marchands
nisu posjećivali kćeri drugih trgovaca
parce qu'ils ne rencontrent que l'aristocratie

jer se susreću samo s aristokracijom
ils sortaient tous les jours pour faire la fête
izlazili su svaki dan na zabave
bals, pièces de théâtre, concerts, etc.
balovi, predstave, koncerti i tako dalje
et ils se moquèrent de leur plus jeune sœur
a smijali su se svojoj najmlađoj sestri
parce qu'elle passait la plupart de son temps à lire
jer je većinu vremena provodila čitajući
il était bien connu qu'ils étaient riches
dobro se znalo da su imućni
alors plusieurs marchands éminents ont demandé leur main
pa je nekoliko uglednih trgovaca zatražilo njihovu ruku
mais ils ont dit qu'ils n'allaient pas se marier
ali rekli su da se neće vjenčati
mais ils étaient prêts à faire quelques exceptions
ali su bili spremni napraviti neke iznimke
« Peut-être que je pourrais épouser un duc »
"Možda bih se mogla udati za vojvodu"
« Je suppose que je pourrais épouser un comte »
"Pretpostavljam da bih se mogla udati za Earla"
Belle a remercié très civilement ceux qui lui ont proposé
Ljepotica je vrlo civilizirano zahvalila onima koji su je zaprosili
elle leur a dit qu'elle était encore trop jeune pour se marier
rekla im je da je još premlada za udaju
elle voulait rester quelques années de plus avec son père
htjela je ostati još nekoliko godina s ocem
Tout d'un coup, le marchand a perdu sa fortune
Odjednom je trgovac izgubio svoje bogatstvo
il a tout perdu sauf une petite maison de campagne
izgubio je sve osim male seoske kuće
et il dit à ses enfants, les larmes aux yeux :

i rekao je svojoj djeci sa suzama u očima:
« **il faut aller à la campagne** »
"moramo ići na selo"
« **et nous devons travailler pour gagner notre vie** »
"i moramo raditi za život"
les deux filles aînées ne voulaient pas quitter la ville
dvije najstarije kćeri nisu htjele otići iz grada
ils avaient plusieurs amants dans la ville
imali su nekoliko ljubavnika u gradu
et ils étaient sûrs que l'un de leurs amants les épouserait
i bili su sigurni da će ih jedan od njihovih ljubavnika oženiti
ils pensaient que leurs amants les épouseraient même sans fortune
mislili su da će ih njihovi ljubavnici oženiti čak i bez imanja
mais les bonnes dames se sont trompées
ali su se dobre dame prevarile
leurs amants les ont abandonnés très vite
njihovi su ih ljubavnici vrlo brzo napustili
parce qu'ils n'avaient plus de fortune
jer više nisu imali bogatstva
cela a montré qu'ils n'étaient pas vraiment appréciés
to je pokazalo da ih se zapravo ne voli
tout le monde a dit qu'ils ne méritaient pas d'être plaints
svi su rekli da ne zaslužuju sažaljenje
« **Nous sommes heureux de voir leur fierté humiliée** »
"drago nam je vidjeti njihov ponos ponižen"
« **Qu'ils soient fiers de traire les vaches** »
"neka se ponose kravama muzarama"
mais ils étaient préoccupés par Belle
ali su bili zabrinuti za ljepotu
elle était une créature si douce
bila je tako slatko stvorenje
elle parlait si gentiment aux pauvres
tako je ljubazno razgovarala sa siromašnim ljudima

et elle était d'une nature si innocente
a bila je tako nevine naravi
Plusieurs messieurs l'auraient épousée
Nekoliko bi je gospode oženilo
ils l'auraient épousée même si elle était pauvre
bili bi je oženili iako je bila siromašna
mais elle leur a dit qu'elle ne pouvait pas les épouser
ali im je rekla da se ne može udati za njih
parce qu'elle ne voulait pas quitter son père
jer ne bi ostavila oca
elle était déterminée à l'accompagner à la campagne
bila je odlučna otići s njim na selo
afin qu'elle puisse le réconforter et l'aider
kako bi ga mogla utješiti i pomoći mu
pauvre Belle était très affligée au début
Jadna ljepotica isprva je bila jako ožalošćena
elle était attristée par la perte de sa fortune
bila je ožalošćena zbog gubitka svog bogatstva
"Mais pleurer ne changera pas mon destin"
"ali plakanje neće promijeniti moju sudbinu"
« Je dois essayer de me rendre heureux sans richesse »
"Moram se pokušati usrećiti bez bogatstva"
ils sont venus dans leur maison de campagne
došli su u svoju seosku kuću
et le marchand et ses trois fils s'appliquèrent à l'agriculture
a trgovac i njegova tri sina posvetili su se stočarstvu
Belle s'est levée à quatre heures du matin
ljepota je ustala u četiri ujutro
et elle s'est dépêchée de nettoyer la maison
a ona je požurila pospremiti kuću
et elle s'est assurée que le dîner était prêt
a ona se pobrinula da večera bude spremna
au début, elle a trouvé sa nouvelle vie très difficile
u početku joj je novi život bio vrlo težak

parce qu'elle n'était pas habituée à un tel travail
jer nije bila navikla na takav posao
mais en moins de deux mois elle est devenue plus forte
ali je za manje od dva mjeseca ojačala
et elle était en meilleure santé que jamais auparavant
i bila je zdravija nego ikad prije
après avoir fait son travail, elle a lu
nakon što je obavila svoj posao čitala je
elle jouait du clavecin
svirala je na čembalu
ou elle chantait en filant de la soie
ili je pjevala dok je prela svilu
au contraire, ses deux sœurs ne savaient pas comment passer leur temps
naprotiv, njezine dvije sestre nisu znale kako provoditi vrijeme
ils se sont levés à dix heures et n'ont rien fait d'autre que paresser toute la journée
ustajali su u deset i cijeli dan nisu radili ništa osim ljenčarili
ils ont déploré la perte de leurs beaux vêtements
oplakivali su gubitak svoje lijepe odjeće
et ils se sont plaints d'avoir perdu leurs connaissances
i žalili su se na gubitak svojih poznanstava
« Regardez notre plus jeune sœur », se dirent-ils.
"Pogledaj našu najmlađu sestru", govorile su jedna drugoj
"Quelle pauvre et stupide créature elle est"
"kako je ona jadno i glupo stvorenje"
"C'est mesquin de se contenter de si peu"
"zlobno je biti zadovoljan s tako malo"
le gentil marchand était d'un avis tout à fait différent
ljubazni trgovac bio je sasvim drugačijeg mišljenja
il savait très bien que Belle éclipsait ses sœurs
dobro je znao da ljepota nadmašuje njezine sestre
elle les a surpassés en caractère ainsi qu'en esprit
nadmašila ih je karakterom kao i umom

il admirait son humilité et son travail acharné
divio se njezinoj poniznosti i marljivom radu
mais il admirait surtout sa patience
ali najviše se divio njezinoj strpljivosti
ses sœurs lui ont laissé tout le travail à faire
njezine su joj sestre ostavile sav posao
et ils l'insultaient à chaque instant
a vrijeđali su je svaki čas
La famille vivait ainsi depuis environ un an.
Obitelj je tako živjela oko godinu dana
puis le commerçant a reçu une lettre d'un comptable
tada je trgovac dobio pismo od računovođe
il avait un investissement dans un navire
imao je investiciju u brod
et le navire était arrivé sain et sauf
i brod je sretno stigao
Cette nouvelle a fait tourner les têtes des deux filles aînées
Njegova vijest okrenula je glavu dvjema najstarijim kćerima
ils ont immédiatement eu l'espoir de revenir en ville
odmah su se nadali povratku u grad
parce qu'ils étaient assez fatigués de la vie à la campagne
jer su bili prilično umorni od života na selu
ils sont allés vers leur père alors qu'il partait
otišli su ocu dok je odlazio
ils l'ont supplié de leur acheter de nouveaux vêtements
molili su ga da im kupi novu odjeću
des robes, des rubans et toutes sortes de petites choses
haljine, vrpce i kojekakve sitnice
mais Belle n'a rien demandé
ali ljepota nije tražila ništa
parce qu'elle pensait que l'argent ne serait pas suffisant
jer je mislila da novac neće biti dovoljan
il n'y aurait pas assez pour acheter tout ce que ses sœurs voulaient

ne bi bilo dovoljno da se kupi sve što njezine sestre žele
"Que veux-tu, ma belle ?" demanda son père
– Što bi htjela, ljepotice? upita njezin otac
« Merci, père, pour la bonté de penser à moi », dit-elle
"hvala ti, oče, što si mislio na mene", rekla je
« Père, ayez la gentillesse de m'apporter une rose »
"Oče, budi ljubazan da mi doneseš ružu"
"parce qu'aucune rose ne pousse ici dans le jardin"
"jer ovdje u vrtu ne rastu ruže"
"et les roses sont une sorte de rareté"
"a ruže su prava rijetkost"
Belle ne se souciait pas vraiment des roses
ljepotica nije baš marila za ruže
elle a juste demandé quelque chose pour ne pas condamner ses sœurs
tražila je samo nešto da ne osuđuje svoje sestre
mais ses sœurs pensaient qu'elle avait demandé des roses pour d'autres raisons
ali njezine su sestre mislile da je tražila ruže iz drugih razloga
"Elle l'a fait juste pour avoir l'air particulière"
"učinila je to samo da izgleda posebno"
L'homme gentil est parti en voyage
Ljubazan čovjek je otišao na put
mais quand il est arrivé, ils se sont disputés à propos de la marchandise
ali kad je stigao svađali su se oko robe
et après beaucoup d'ennuis, il est revenu aussi pauvre qu'avant
i nakon silnih muka vratio se siromašan kao i prije
il était à quelques heures de sa propre maison
bio je unutar nekoliko sati od vlastite kuće
et il imaginait déjà la joie de revoir ses enfants
i već je zamišljao radost što će vidjeti svoju djecu
mais en traversant la forêt, il s'est perdu

ali kad je prolazio kroz šumu izgubio se
il a plu et neigé terriblement
padala je užasna kiša i snijeg
le vent était si fort qu'il l'a fait tomber de son cheval
vjetar je bio toliko jak da ga je bacio s konja
et la nuit arrivait rapidement
a noć je brzo dolazila
il a commencé à penser qu'il pourrait mourir de faim
počeo je razmišljati da bi mogao umrijeti od gladi
et il pensait qu'il pourrait mourir de froid
i mislio je da bi se mogao smrznuti nasmrt
et il pensait que les loups pourraient le manger
i mislio je da bi ga vukovi mogli pojesti
les loups qu'il entendait hurler tout autour de lui
vukovi koje je čuo kako zavijaju posvuda oko njega
mais tout à coup il a vu une lumière
ali odjednom je ugledao svjetlo
il a vu la lumière au loin à travers les arbres
vidio je svjetlo na daljinu kroz drveće
quand il s'est approché, il a vu que la lumière était un palais
kad je prišao bliže vidio je da je svjetlost bila palača
le palais était illuminé de haut en bas
palača je bila osvijetljena od vrha do dna
le marchand a remercié Dieu pour sa chance
trgovac je zahvalio Bogu na svojoj sreći
et il se précipita vers le palais
te je pohitao u palaču
mais il fut surpris de ne voir personne dans le palais
ali se iznenadio što nije vidio ljude u palači
la cour était complètement vide
dvorište je bilo potpuno prazno
et il n'y avait aucun signe de vie nulle part
a nigdje nije bilo znaka života
son cheval le suivit dans le palais

njegov ga je konj slijedio u palaču
et puis son cheval a trouvé une grande écurie
a onda je njegov konj pronašao veliku staju
le pauvre animal était presque affamé
jadna je životinja bila gotovo gladna
alors son cheval est allé chercher du foin et de l'avoine
pa je njegov konj ušao da nađe sijena i zobi
Heureusement, il a trouvé beaucoup à manger
srećom je našao dosta hrane
et le marchand attacha son cheval à la mangeoire
a trgovac priveza konja za jasle
En marchant vers la maison, il n'a vu personne
hodajući prema kući nije vidio nikoga
mais dans une grande salle il trouva un bon feu
ali u velikoj dvorani našao je dobru vatru
et il a trouvé une table dressée pour une personne
i našao je stol postavljen za jednoga
il était mouillé par la pluie et la neige
bio je mokar od kiše i snijega
alors il s'est approché du feu pour se sécher
pa priđe vatri da se osuši
« J'espère que le maître de maison m'excusera »
"Nadam se da će me gazda ispričati"
« Je suppose qu'il ne faudra pas longtemps pour que quelqu'un apparaisse »
"Pretpostavljam da neće trebati dugo da se netko pojavi"
Il a attendu un temps considérable
Čekao je dosta vremena
il a attendu jusqu'à ce que onze heures sonnent, et toujours personne n'est venu
čekao je dok nije otkucalo jedanaest, ali i dalje nitko nije došao
enfin, il avait tellement faim qu'il ne pouvait plus attendre
napokon je bio toliko gladan da više nije mogao čekati

il a pris du poulet et l'a mangé en deux bouchées
uze malo piletine i pojede je u dva zalogaja
il tremblait en mangeant la nourriture
drhtao je dok je jeo hranu
après cela, il a bu quelques verres de vin
nakon ovoga je popio nekoliko čaša vina
devenant plus courageux, il sortit du hall
sve hrabriji izađe iz dvorane
et il traversa plusieurs grandes salles
i prešao je kroz nekoliko velikih dvorana
il a traversé le palais jusqu'à ce qu'il arrive dans une chambre
hodao je kroz palaču dok nije došao u jednu odaju
une chambre qui contenait un très bon lit
komora koja je u sebi imala iznimno dobar krevet
il était très fatigué par son épreuve
bio je vrlo umoran od svoje kušnje
et il était déjà minuit passé
a vrijeme je već prošla ponoć
alors il a décidé qu'il était préférable de fermer la porte
pa je zaključio da je najbolje zatvoriti vrata
et il a conclu qu'il devrait aller se coucher
i zaključio je da bi trebao otići u krevet
Il était dix heures du matin lorsque le marchand s'est réveillé
Bilo je deset sati ujutro kad se trgovac probudio
au moment où il allait se lever, il vit quelque chose
baš kad je krenuo ustati ugledao je nešto
il a été étonné de voir un ensemble de vêtements propres
bio je zapanjen ugledavši čist komplet odjeće
à l'endroit où il avait laissé ses vêtements sales
na mjestu gdje je ostavio svoju prljavu odjeću
"ce palais appartient certainement à une sorte de fée"
"ova palača sigurno pripada nekoj vili"
" une fée qui m'a vu et qui a eu pitié de moi"

" vila koja je vidjela i sažalila me"
il a regardé à travers une fenêtre
pogledao je kroz prozor
mais au lieu de neige, il vit le jardin le plus charmant
ali umjesto snijega ugledao je najdivniji vrt
et dans le jardin il y avait les plus belles roses
a u vrtu su bile najljepše ruže
il est ensuite retourné dans la grande salle
zatim se vratio u veliku dvoranu
la salle où il avait mangé de la soupe la veille
dvoranu u kojoj je večer prije jeo juhu
et il a trouvé du chocolat sur une petite table
i našao je malo čokolade na stoliću
« **Merci, bonne Madame la Fée** », **dit-il à voix haute.**
"Hvala vam, dobra gospođo Vilo", rekao je naglas
"Merci d'être si attentionné"
"hvala što si tako brižan"
« **Je vous suis extrêmement reconnaissant pour toutes vos faveurs** »
"Izuzetno sam vam zahvalan za sve vaše usluge"
l'homme gentil a bu son chocolat
ljubazni čovjek je popio svoju čokoladu
et puis il est allé chercher son cheval
a onda je otišao potražiti svog konja
mais dans le jardin il se souvint de la demande de Belle
ali u vrtu se sjetio ljepotičina zahtjeva
et il coupa une branche de roses
i on je odrezao granu ruže
immédiatement il entendit un grand bruit
odmah je začuo veliku buku
et il vit une bête terriblement effrayante
i ugleda strahovito strašnu zvijer
il était tellement effrayé qu'il était sur le point de s'évanouir
toliko se uplašio da je bio spreman pasti u nesvijest

« Tu es bien ingrat », lui dit la bête.
"Vrlo si nezahvalan", reče mu zvijer
et la bête parla d'une voix terrible
a zvijer je progovorila strašnim glasom
« Je t'ai sauvé la vie en te laissant entrer dans mon château »
"Spasio sam ti život dopustivši ti ulazak u svoj dvorac"
"et pour ça tu me voles mes roses en retour ?"
"i za ovo mi kradeš ruže zauzvrat?"
« Les roses que j'apprécie plus que tout »
"Ruže koje cijenim iznad svega"
"mais tu mourras pour ce que tu as fait"
"ali umrijet ćeš za ono što si učinio"
« Je ne vous donne qu'un quart d'heure pour vous préparer »
"Dajem ti samo četvrt sata da se pripremiš"
« Préparez-vous à la mort et dites vos prières »
"spremi se za smrt i pomoli se"
le marchand tomba à genoux
trgovac je pao na koljena
et il leva ses deux mains
i podigao je obje ruke
« Monseigneur, je vous supplie de me pardonner »
"Gospodaru, preklinjem te da mi oprostiš"
« Je n'avais aucune intention de t'offenser »
"Nisam te imao namjeru uvrijediti"
« J'ai cueilli une rose pour une de mes filles »
"Nabrao sam ružu za jednu od svojih kćeri"
"elle m'a demandé de lui apporter une rose"
"zamolila me da joj donesem ružu"
« Je ne suis pas ton seigneur, mais je suis une bête », répondit le monstre
"Ja nisam tvoj gospodar, ali ja sam zvijer", odgovori čudovište
« Je n'aime pas les compliments »

"Ne volim komplimente"
« J'aime les gens qui parlent comme ils pensent »
"Volim ljude koji govore kako misle"
« N'imaginez pas que je puisse être ému par la flatterie »
"nemoj misliti da me može dirnuti laskanje"
« Mais tu dis que tu as des filles »
"Ali kažeš da imaš kćeri"
"Je te pardonnerai à une condition"
"Oprostit ću ti pod jednim uvjetom"
« L'une de vos filles doit venir volontairement à mon palais »
"jedna od tvojih kćeri mora dobrovoljno doći u moju palaču"
"et elle doit souffrir pour toi"
"i ona mora patiti za tebe"
« Donne-moi ta parole »
"Daj mi tvoju riječ"
"et ensuite tu pourras vaquer à tes occupations"
"i onda možete nastaviti svojim poslom"
« Promets-moi ceci : »
"Obećaj mi ovo:"
"Si votre fille refuse de mourir pour vous, vous devez revenir dans les trois mois"
"Ako vaša kći odbije umrijeti za vas, morate se vratiti u roku od tri mjeseca"
le marchand n'avait aucune intention de sacrifier ses filles
trgovac nije imao namjeru žrtvovati svoje kćeri
mais, comme on lui en donnait le temps, il voulait revoir ses filles une fois de plus
ali, budući da je dobio vremena, želio je još jednom vidjeti svoje kćeri
alors il a promis qu'il reviendrait
pa je obećao da će se vratiti
et la bête lui dit qu'il pouvait partir quand il le voudrait

a zvijer mu je rekla da može krenuti kad mu se prohtije
et la bête lui dit encore une chose
a zvijer mu reče još jednu stvar
« Tu ne partiras pas les mains vides »
"nećeš otići praznih ruku"
« retourne dans la pièce où tu étais allongé »
"vrati se u sobu gdje si ležao"
« vous verrez un grand coffre au trésor vide »
"vidjet ćete veliku praznu škrinju s blagom"
« Remplissez le coffre aux trésors avec ce que vous préférez »
"napunite škrinju s blagom onim što vam se najviše sviđa"
"et j'enverrai le coffre au trésor chez toi"
"i ja ću poslati škrinju s blagom u tvoj dom"
et en même temps la bête s'est retirée
a pritom se zvijer povukla
« Eh bien, » se dit le bon homme
"Pa", rekao je dobri čovjek u sebi
« Si je dois mourir, je laisserai au moins quelque chose à mes enfants »
"Ako moram umrijeti, ostavit ću barem nešto svojoj djeci"
alors il retourna dans la chambre à coucher
pa se vratio u spavaću sobu
et il a trouvé une grande quantité de pièces d'or
i našao je jako mnogo zlatnika
il a rempli le coffre au trésor que la bête avait mentionné
napunio je škrinju s blagom koju je zvijer spomenula
et il sortit son cheval de l'écurie
a konja je izveo iz konjušnice
la joie qu'il ressentait en entrant dans le palais était désormais égale à la douleur qu'il ressentait en le quittant
radost koju je osjetio kad je ušao u palaču sada je bila jednaka tuzi koju je osjećao napuštajući je
le cheval a pris un des chemins de la forêt
konj je krenuo jednom od šumskih cesta

et quelques heures plus tard, le bon homme était à la maison
i za nekoliko sati dobri je čovjek bio kod kuće
ses enfants sont venus à lui
došla su mu djeca njegova
mais au lieu de recevoir leurs étreintes avec plaisir, il les regardait
ali umjesto da sa zadovoljstvom primi njihove zagrljaje, pogledao ih je
il brandit la branche qu'il tenait dans ses mains
podigao je granu koju je imao u rukama
et puis il a fondu en larmes
a onda je briznuo u plač
« Belle », dit-il, « s'il te plaît, prends ces roses »
"ljepotice", rekao je, "molim te uzmi ove ruže"
"Vous ne pouvez pas savoir à quel point ces roses ont été chères"
"ne možeš znati koliko su ove ruže bile skupe"
"Ces roses ont coûté la vie à ton père"
"ove ruže koštale su tvog oca života"
et puis il raconta sa fatale aventure
a zatim je ispričao svoju kobnu pustolovinu
immédiatement les deux sœurs aînées crièrent
odmah povikaše dvije najstarije sestre
et ils ont dit beaucoup de choses méchantes à leur belle sœur
i rekli su mnogo zlobnih stvari svojoj lijepoj sestri
mais Belle n'a pas pleuré du tout
ali ljepotica uopće nije plakala
« Regardez l'orgueil de ce petit misérable », dirent-ils.
"Pogledaj ponos tog malog bijednika", rekli su
"elle n'a pas demandé de beaux vêtements"
"nije tražila finu odjeću"
"Elle aurait dû faire ce que nous avons fait"
"trebala je učiniti ono što smo mi učinili"

"**elle voulait se distinguer**"
"htjela se istaknuti"
"**alors maintenant elle sera la mort de notre père**"
"pa sada će ona biti smrt našeg oca"
"**et pourtant elle ne verse pas une larme**"
"a ipak ne pusti suzu"
"**Pourquoi devrais-je pleurer ?" répondit Belle**
– Zašto bih plakala? odgovori ljepotica
« **pleurer serait très inutile** »
"plakanje bi bilo vrlo nepotrebno"
« **Mon père ne souffrira pas pour moi** »
"moj otac neće patiti za mnom"
"**le monstre acceptera une de ses filles**"
"čudovište će prihvatiti jednu od njegovih kćeri"
« **Je m'offrirai à toute sa fureur** »
"Ponudit ću se svom njegovom bijesu"
« **Je suis très heureux, car ma mort sauvera la vie de mon père** »
"Jako sam sretan, jer će moja smrt spasiti život mog oca"
"**ma mort sera une preuve de mon amour**"
"moja smrt će biti dokaz moje ljubavi"
« **Non, ma sœur** », dirent ses trois frères
"Ne, sestro", rekla su njezina tri brata
"**cela ne sera pas**"
"to neće biti"
"**nous allons chercher le monstre**"
"Ići ćemo pronaći čudovište"
"**et soit on le tue...**"
"i ili ćemo ga ubiti..."
« **... ou nous périrons dans cette tentative** »
"... ili ćemo izginuti u pokušaju"
« **N'imaginez rien de tel, mes fils** », dit le marchand.
"Nemojte zamišljati tako nešto, sinovi moji", rekao je trgovac
"**La puissance de la bête est si grande que je n'ai aucun**

espoir que tu puisses la vaincre"
"Moć zvijeri je tolika da se ne nadam da biste je mogli nadvladati"
« Je suis charmé par l'offre aimable et généreuse de Belle »
"Očaran sam ljubaznom i velikodušnom ponudom ljepote"
"mais je ne peux pas accepter sa générosité"
"ali ne mogu prihvatiti njenu velikodušnost"
« Je suis vieux et je n'ai plus beaucoup de temps à vivre »
"Star sam i nije mi ostalo još dugo"
"Je ne peux donc perdre que quelques années"
"tako da mogu izgubiti samo nekoliko godina"
"un temps que je regrette pour vous, mes chers enfants"
"vrijeme za kojim vas žalim, djeco moja draga"
« Mais père », dit Belle
"Ali oče", rekla je ljepotica
"tu n'iras pas au palais sans moi"
"nećeš ići u palaču bez mene"
"tu ne peux pas m'empêcher de te suivre"
"ne možeš me spriječiti da te slijedim"
rien ne pourrait convaincre Belle autrement
ništa nije moglo uvjeriti ljepotu u suprotno
elle a insisté pour aller au beau palais
inzistirala je na odlasku u finu palaču
et ses sœurs étaient ravies de son insistance
a njezine su sestre bile oduševljene njezinim inzistiranjem
Le marchand était inquiet à l'idée de perdre sa fille
Trgovac je bio zabrinut pri pomisli da će izgubiti svoju kćer
il était tellement inquiet qu'il avait oublié le coffre rempli d'or
bio je toliko zabrinut da je zaboravio na škrinju punu zlata
la nuit, il se retirait pour se reposer et fermait la porte de sa chambre
noću se povukao na odmor i zatvorio vrata svoje sobe
puis, à sa grande surprise, il trouva le trésor à côté de son

lit
tada je, na svoje veliko zaprepaštenje, pronašao blago pokraj svog kreveta
il était déterminé à ne rien dire à ses enfants
bio je odlučan ne reći svojoj djeci
s'ils savaient, ils auraient voulu retourner en ville
da su znali, htjeli bi se vratiti u grad
et il était résolu à ne pas quitter la campagne
i bio je odlučan da ne napušta selo
mais il confia le secret à Belle
ali je ljepoti povjeravao tajnu
elle l'informa que deux messieurs étaient venus
obavijestila ga je da su došla dva gospodina
et ils ont fait des propositions à ses sœurs
i predlagali su njezine sestre
elle a supplié son père de consentir à leur mariage
molila je oca da pristane na njihov brak
et elle lui a demandé de leur donner une partie de sa fortune
a ona ga je zamolila da im da nešto od svog imetka
elle leur avait déjà pardonné
već im je oprostila
les méchantes créatures se frottaient les yeux avec des oignons
opaka su stvorenja trljala oči lukom
pour forcer quelques larmes quand ils se sont séparés de leur sœur
natjerati koju suzu kad su se rastajali sa sestrom
mais ses frères étaient vraiment inquiets
ali njezina su braća doista bila zabrinuta
Belle était la seule à ne pas verser de larmes
ljepotica jedina nije pustila nijednu suzu
elle ne voulait pas augmenter leur malaise
nije htjela povećati njihovu nelagodu
le cheval a pris la route directe vers le palais

konj je krenuo izravnom cestom do palače
et vers le soir ils virent le palais illuminé
a prema večeri ugledaše rasvijetljenu palaču
le cheval est rentré à l'écurie
konj se opet odveo u staju
et le bon homme et sa fille entrèrent dans la grande salle
a dobri čovjek i njegova kći uđoše u veliku dvoranu
ici ils ont trouvé une table magnifiquement dressée
ovdje su našli sjajno serviran stol
le marchand n'avait pas d'appétit pour manger
trgovac nije imao apetita za jelo
mais Belle s'efforçait de paraître joyeuse
ali ljepotica se trudila ispasti vesela
elle s'est assise à table et a aidé son père
sjela za stol i pomogla ocu
mais elle pensait aussi :
ali je također pomislila u sebi:
"La bête veut sûrement m'engraisser avant de me manger"
"zvijer me sigurno želi ugojiti prije nego me pojede"
"c'est pourquoi il offre autant de divertissement"
"zato on pruža tako bogatu zabavu"
après avoir mangé, ils entendirent un grand bruit
nakon što su jeli čuli su veliku buku
et le marchand fit ses adieux à son malheureux enfant, les larmes aux yeux
a trgovac se sa suzama u očima oprostio od svog nesretnog djeteta
parce qu'il savait que la bête allait venir
jer je znao da zvijer dolazi
Belle était terrifiée par sa forme horrible
ljepotica je bila prestravljena njegovim užasnim oblikom
mais elle a pris courage du mieux qu'elle a pu
ali se ohrabrila koliko je mogla
et le monstre lui a demandé si elle était venue volontairement

a čudovište ju je upitalo je li došla dragovoljno
"Oui, je suis venue volontiers", dit-elle en tremblant
"Da, došla sam svojevoljno", rekla je drhteći
la bête répondit : « Tu es très bon »
zvijer je odgovorila: "Vrlo si dobar"
"et je vous suis très reconnaissant, honnête homme"
"i ja sam vam jako zahvalan; pošteni čovječe"
« Allez-y demain matin »
"idi svojim putem sutra ujutro"
"mais ne pense plus jamais à revenir ici"
"ali nikad više ne pomisli doći ovdje"
« Adieu Belle, adieu bête », répondit-il
"Zbogom ljepotice, zbogom zvijeri", odgovorio je
et immédiatement le monstre s'est retiré
i odmah se čudovište povuklo
« Oh, ma fille », dit le marchand
"Oh, kćeri", rekao je trgovac
et il embrassa sa fille une fois de plus
i on još jednom zagrli svoju kćer
« Je suis presque mort de peur »
"Skoro sam nasmrt preplašen"
"crois-moi, tu ferais mieux de rentrer"
"vjeruj mi, bolje da se vratiš"
"Laisse-moi rester ici, à ta place"
"daj mi da ostanem ovdje, umjesto tebe"
« Non, père », dit Belle d'un ton résolu.
"Ne, oče", rekla je ljepotica, odlučnim tonom
"tu partiras demain matin"
"sutra ujutro ćeš krenuti"
« Laissez-moi aux soins et à la protection de la Providence »
"prepusti me brizi i zaštiti providnosti"
néanmoins ils sont allés se coucher
ipak su otišli u krevet
ils pensaient qu'ils ne fermeraient pas les yeux de la nuit

mislili su da cijelu noć neće oka sklopiti
mais juste au moment où ils se couchaient, ils s'endormirent
ali tek što su legli spavali su
La belle rêva qu'une belle dame venait et lui disait :
ljepotica je sanjala da je došla fina gospođa i rekla joj:
« Je suis content, Belle, de ta bonne volonté »
"Zadovoljan sam, ljepotice, tvojom dobrom voljom"
« Cette bonne action de votre part ne restera pas sans récompense »
"ovaj tvoj dobar postupak neće ostati nenagrađen"
Belle s'est réveillée et a raconté son rêve à son père
ljepotica se probudila i ispričala ocu svoj san
le rêve l'a aidé à se réconforter un peu
san je pomogao da ga malo utješi
mais il ne pouvait s'empêcher de pleurer amèrement en partant
ali nije mogao suspregnuti gorki plač dok je odlazio
Dès qu'il fut parti, Belle s'assit dans la grande salle et pleura aussi
čim je on otišao, ljepotica je sjela u veliku dvoranu i također zaplakala
mais elle résolut de ne pas s'inquiéter
ali odlučila je ne osjećati nelagodu
elle a décidé d'être forte pour le peu de temps qui lui restait à vivre
odlučila je biti jaka ono malo vremena što joj je preostalo za život
parce qu'elle croyait fermement que la bête la mangerait
jer je čvrsto vjerovala da će je zvijer pojesti
Cependant, elle pensait qu'elle pourrait aussi bien explorer le palais
međutim, mislila je da bi mogla istražiti i palaču
et elle voulait voir le beau château
i htjela je razgledati lijepi dvorac

un château qu'elle ne pouvait s'empêcher d'admirer
dvorac kojem se nije mogla ne diviti
c'était un palais délicieusement agréable
bila je to divno ugodna palača
et elle fut extrêmement surprise de voir une porte
i bila je iznimno iznenađena ugledavši vrata
et sur la porte il était écrit que c'était sa chambre
a preko vrata je pisalo da je to njezina soba
elle a ouvert la porte à la hâte
žurno je otvorila vrata
et elle était tout à fait éblouie par la magnificence de la pièce
i bila je prilično zaslijepljena veličanstvenošću sobe
ce qui a principalement retenu son attention était une grande bibliothèque
ono što joj je najviše zaokupilo pozornost bila je velika knjižnica
un clavecin et plusieurs livres de musique
čembalo i nekoliko notnih knjiga
« Eh bien, » se dit-elle
"Pa", rekla je sama sebi
« Je vois que la bête ne laissera pas mon temps peser sur moi »
"Vidim da zvijer neće dopustiti da moje vrijeme bude teško"
puis elle réfléchit à sa situation
zatim je razmislila o svojoj situaciji
« Si je devais rester un jour, tout cela ne serait pas là »
"Da mi je suđeno ostati jedan dan, svega ovoga ne bi bilo"
cette considération lui inspira un courage nouveau
ovo ju je razmatranje nadahnulo novom hrabrošću
et elle a pris un livre de sa nouvelle bibliothèque
i uzela je knjigu iz svoje nove knjižnice
et elle lut ces mots en lettres d'or :
i pročitala je ove riječi ispisane zlatnim slovima:

« Accueillez Belle, bannissez la peur »
"Dobro došla ljepotice, otjeraj strah"
« Vous êtes reine et maîtresse ici »
"Ti si ovdje kraljica i gospodarica"
« Exprimez vos souhaits, exprimez votre volonté »
"Reci svoje želje, reci svoju volju"
« L'obéissance rapide répond ici à vos souhaits »
"Ovdje brza poslušnost ispunjava vaše želje"
« Hélas, dit-elle avec un soupir
"Jao", rekla je uz uzdah
« Ce que je souhaite par-dessus tout, c'est revoir mon pauvre père. »
"Najviše od svega želim vidjeti svog jadnog oca"
"et j'aimerais savoir ce qu'il fait"
"i volio bih znati što on radi"
Dès qu'elle eut dit cela, elle remarqua le miroir
Čim je to rekla, primijetila je ogledalo
à sa grande surprise, elle vit sa propre maison dans le miroir
na svoje veliko čuđenje ugledala je vlastiti dom u ogledalu
son père est arrivé émotionnellement épuisé
njezin je otac stigao emocionalno iscrpljen
ses sœurs sont allées à sa rencontre
njezine sestre pošle su mu u susret
malgré leurs tentatives de paraître tristes, leur joie était visible
unatoč njihovim pokušajima da izgledaju tužni, njihova je radost bila vidljiva
un instant plus tard, tout a disparu
trenutak kasnije sve je nestalo
et les appréhensions de Belle ont également disparu
a nestale su i strepnje ljepote
car elle savait qu'elle pouvait faire confiance à la bête
jer je znala da može vjerovati zvijeri
À midi, elle trouva le dîner prêt

U podne je našla gotovu večeru
elle s'est assise à la table
sama je sjela za stol
et elle a été divertie avec un concert de musique
a zabavljala se koncertom glazbe
même si elle ne pouvait voir personne
iako nije mogla nikoga vidjeti
le soir, elle s'est à nouveau assise pour dîner
noću je opet sjela za večeru
cette fois elle entendit le bruit que faisait la bête
ovaj put je čula buku koju je zvijer napravila
et elle ne pouvait s'empêcher d'être terrifiée
i nije mogla ne biti prestravljena
"Belle", dit le monstre
"ljepotice", reče čudovište
"est-ce que tu me permets de manger avec toi ?"
"dopuštaš li mi da jedem s tobom?"
« Fais comme tu veux », répondit Belle en tremblant
"radi kako hoćeš", odgovori ljepotica dršćući
"Non", répondit la bête
"Ne", odgovori zvijer
"tu es seule la maîtresse ici"
"samo si ti ovdje gospodarica"
"tu peux me renvoyer si je suis gênant"
"možeš me poslati ako budem problematičan"
« renvoyez-moi et je me retirerai immédiatement »
"pošalji me i odmah ću se povući"
« Mais dis-moi, ne me trouves-tu pas très laide ? »
"Ali, reci mi; ne misliš li da sam jako ružan?"
"C'est vrai", dit Belle
"To je istina", rekla je ljepotica
« Je ne peux pas mentir »
"Ne mogu lagati"
"mais je crois que tu es de très bonne nature"
"ali vjerujem da si vrlo dobre naravi"

« Je le suis en effet », dit le monstre
"Uistinu jesam", reče čudovište
« Mais à part ma laideur, je n'ai pas non plus de bon sens »
"Ali osim svoje ružnoće, nemam ni razuma"
« Je sais très bien que je suis une créature stupide »
"Dobro znam da sam blesavo stvorenje"
« Ce n'est pas un signe de folie de penser ainsi », répondit Belle.
"Nije znak ludosti tako misliti", odgovori ljepotica
« Mange donc, belle », dit le monstre
"Onda jedi, ljepotice", reče čudovište
« essaie de t'amuser dans ton palais »
"pokušaj se zabaviti u svojoj palači"
"tout ici est à toi"
"sve je ovdje tvoje"
"et je serais très mal à l'aise si tu n'étais pas heureux"
"i bilo bi mi jako neugodno da ti nisi sretan"
« Vous êtes très obligeant », répondit Belle
"Vrlo ste ljubazni", odgovori ljepotica
« J'avoue que je suis heureux de votre gentillesse »
"Priznajem da sam zadovoljan vašom ljubaznošću"
« et quand je considère votre gentillesse, je remarque à peine vos difformités »
"a kad uzmem u obzir tvoju dobrotu, jedva primjećujem tvoje deformitete"
« Oui, oui, dit la bête, mon cœur est bon.
"Da, da", reče zvijer, "moje srce je dobro
"mais même si je suis bon, je suis toujours un monstre"
"ali iako sam dobar, još uvijek sam čudovište"
« Il y a beaucoup d'hommes qui méritent ce nom plus que toi »
"Ima mnogo muškaraca koji zaslužuju to ime više od tebe"
"et je te préfère tel que tu es"
"i draži si mi takav kakav jesi"

"et je te préfère à ceux qui cachent un cœur ingrat"
"i draži si mi od onih koji kriju nezahvalno srce"
"Si seulement j'avais un peu de bon sens", répondit la bête
"Kad bih samo imao razuma", odgovori zvijer
"Si j'avais du bon sens, je vous ferais un beau compliment pour vous remercier"
"Da sam imao razuma, dao bih vam dobar kompliment"
"mais je suis si ennuyeux"
"ali ja sam tako dosadna"
« Je peux seulement dire que je vous suis très reconnaissant »
"Mogu samo reći da sam vam jako zahvalan"
Belle a mangé un copieux souper
ljepotica je obilno večerala
et elle avait presque vaincu sa peur du monstre
i gotovo je pobijedila svoj strah od čudovišta
mais elle a voulu s'évanouir lorsque la bête lui a posé la question suivante
ali htjela se onesvijestiti kad joj je zvijer postavila sljedeće pitanje
"Belle, veux-tu être ma femme ?"
"ljepotice, hoćeš li biti moja žena?"
elle a mis du temps avant de pouvoir répondre
trebalo joj je neko vrijeme prije nego što je uspjela odgovoriti
parce qu'elle avait peur de le mettre en colère
jer se bojala da ga ne naljuti
Mais finalement elle dit "non, bête"
Na kraju je ipak rekla "ne, zvijer"
immédiatement le pauvre monstre siffla très effroyablement
odmah je jadno čudovište vrlo zastrašujuće zasiktalo
et tout le palais résonna
a cijela je palača odjeknula

mais Belle se remit bientôt de sa frayeur
ali se ljepotica ubrzo oporavila od straha
parce que la bête parla encore d'une voix lugubre
jer je zvijer opet progovorila tugaljivim glasom
"Alors adieu, Belle"
"onda zbogom ljepotice"
et il ne se retournait que de temps en temps
a on se samo tu i tamo okretao
de la regarder alors qu'il sortait
da je pogleda dok je izlazio
maintenant Belle était à nouveau seule
sada je ljepotica opet bila sama
elle ressentait beaucoup de compassion
osjetila je veliko suosjećanje
"Hélas, c'est mille fois dommage"
"Jao, to je tisuću šteta"
"tout ce qui est si bon ne devrait pas être si laid"
"sve što je tako dobre naravi ne bi trebalo biti tako ružno"
Belle a passé trois mois très heureuse dans le palais
ljepotica je provela tri mjeseca vrlo zadovoljna u palači
chaque soir la bête lui rendait visite
svake ju je večeri zvijer posjećivala
et ils ont parlé pendant le dîner
i razgovarali su za vrijeme večere
ils ont parlé avec bon sens
razgovarali su zdravorazumski
mais ils ne parlaient pas avec ce que les gens appellent de l'esprit
ali nisu razgovarali s onim što ljudi nazivaju duhovitošću
Belle a toujours découvert un caractère précieux dans la bête
ljepota je uvijek otkrivala neki vrijedan karakter u zvijeri
et elle s'était habituée à sa difformité
a ona se navikla na njegov deformitet
elle ne redoutait plus le moment de sa visite

nije se više bojala vremena njegova posjeta
maintenant elle regardait souvent sa montre
sada je često pogledavala na sat
et elle ne pouvait pas attendre qu'il soit neuf heures
i jedva je čekala da bude devet sati
car la bête ne manquait jamais de venir à cette heure-là
jer zvijer nikada nije propustila doći u taj čas
il n'y avait qu'une seule chose qui concernait Belle
postojala je samo jedna stvar koja se ticala ljepote
chaque soir avant d'aller au lit, la bête lui posait la même question
svaku večer prije nego što je otišla u krevet zvijer ju je pitala isto pitanje
le monstre lui a demandé si elle voulait être sa femme
čudovište ju je upitalo bi li mu bila žena
un jour elle lui dit : "bête, tu me mets très mal à l'aise"
jednog dana mu je rekla, "zvijeri, jako mi smetaš"
« J'aimerais pouvoir consentir à t'épouser »
"Volio bih da mogu pristati da se udam za tebe"
"mais je suis trop sincère pour te faire croire que je t'épouserais"
"ali previše sam iskren da bih te natjerao da povjeruješ da bih te oženio"
"Notre mariage n'aura jamais lieu"
"naš brak se nikada neće dogoditi"
« Je te verrai toujours comme un ami »
"Uvijek ću te doživljavati kao prijatelja"
"S'il vous plaît, essayez d'être satisfait de cela"
"molim vas, pokušajte biti zadovoljni ovim"
« Je dois me contenter de cela », **dit la bête**
"Moram biti zadovoljan ovime", reče zvijer
« Je connais mon propre malheur »
"Ja znam svoju nesreću"
"mais je t'aime avec la plus tendre affection"
"ali ja te volim najnježnijom ljubavlju "

« Cependant, je devrais me considérer comme heureux »
"Međutim, trebao bih se smatrati sretnim"
"et je serais heureux que tu restes ici"
"i trebao bih biti sretan što ćeš ostati ovdje"
"promets-moi de ne jamais me quitter"
"obećaj mi da me nikad nećeš ostaviti"
Belle rougit à ces mots
ljepotica je pocrvenjela na ove riječi
Un jour, Belle se regardait dans son miroir
jednog dana ljepotica se gledala u svoje ogledalo
son père s'était inquiété à mort pour elle
njezin se otac jako zabrinuo za nju
elle avait plus que jamais envie de le revoir
čeznula je da ga ponovno vidi više nego ikada
« Je pourrais te promettre de ne jamais te quitter complètement »
"Mogao bih obećati da te nikad neću potpuno napustiti"
"mais j'ai tellement envie de voir mon père"
"ali imam veliku želju vidjeti svog oca"
« Je serais terriblement contrarié si tu disais non »
"Bio bih nevjerojatno uznemiren ako kažeš ne"
« Je préfère mourir moi-même », dit le monstre
"Radije bih i sam umro", reče čudovište
« Je préférerais mourir plutôt que de te mettre mal à l'aise »
"Radije bih umro nego da ti stvaraš nelagodu"
« Je t'enverrai vers ton père »
"Poslat ću te tvom ocu"
"tu resteras avec lui"
"ostat ćeš s njim"
"et cette malheureuse bête mourra de chagrin à la place"
"a ova nesretna zvijer će umjesto toga umrijeti od tuge"
« Non », dit Belle en pleurant
"Ne", rekla je ljepotica plačući
"Je t'aime trop pour être la cause de ta mort"

"Previše te volim da bih bio uzrok tvoje smrti"
"Je te promets de revenir dans une semaine"
"Obećavam ti da ću se vratiti za tjedan dana"
« Tu m'as montré que mes sœurs sont mariées »
"Pokazali ste mi da su moje sestre udate"
« et mes frères sont partis à l'armée »
"i moja braća su otišla u vojsku"
« laisse-moi rester une semaine avec mon père, car il est seul »
"dopustite mi da ostanem tjedan dana s ocem, jer je sam"
« Tu seras là demain matin », dit la bête
"Bit ćeš tamo sutra ujutro", reče zvijer
"mais souviens-toi de ta promesse"
"ali zapamti svoje obećanje"
« Il vous suffit de poser votre bague sur une table avant d'aller vous coucher »
"Trebaš samo položiti svoj prsten na stol prije nego što odeš u krevet"
"et alors tu seras ramené avant le matin"
"i onda ćeš biti vraćen prije jutra"
« Adieu chère Belle », soupira la bête
"Zbogom draga ljepotice", uzdahne zvijer
Belle s'est couchée très triste cette nuit-là
ljepotica je te noći otišla u krevet jako tužna
parce qu'elle ne voulait pas voir la bête si inquiète
jer nije htjela vidjeti zvijer tako zabrinutu
le lendemain matin, elle se retrouva chez son père
sljedećeg jutra našla se u očevoj kući
elle a sonné une petite cloche à côté de son lit
zazvonila je zvončićem pokraj kreveta
et la servante poussa un grand cri
a služavka je glasno vrisnula
et son père a couru à l'étage
a njezin je otac otrčao gore
il pensait qu'il allait mourir de joie

mislio je da će umrijeti od radosti
il l'a tenue dans ses bras pendant un quart d'heure
držao ju je u naručju četvrt sata
Finalement, les premières salutations étaient terminées
na kraju su završili prvi pozdravi
Belle a commencé à penser à sortir du lit
ljepotica je počela razmišljati o ustajanju iz kreveta
mais elle s'est rendu compte qu'elle n'avait apporté aucun vêtement
ali je shvatila da nije ponijela odjeću
mais la servante lui a dit qu'elle avait trouvé une boîte
ali joj je sluškinja rekla da je našla kutiju
le grand coffre était plein de robes et de robes
velika škrinja bila je puna haljina i haljina
chaque robe était couverte d'or et de diamants
svaka je haljina bila prekrivena zlatom i dijamantima
La Belle a remercié la Bête pour ses bons soins
ljepotica je zahvalila zvijeri na njegovoj ljubaznoj brizi
et elle a pris l'une des robes les plus simples
i uzela je jednu od najobičnijih haljina
elle avait l'intention de donner les autres robes à ses sœurs
ostale je haljine namjeravala dati svojim sestrama
mais à cette pensée le coffre de vêtements disparut
ali na tu pomisao škrinja s odjećom je nestala
la bête avait insisté sur le fait que les vêtements étaient pour elle seulement
zvijer je inzistirala da je odjeća samo za nju
son père lui a dit que c'était le cas
otac joj je rekao da je to bio slučaj
et aussitôt le coffre de vêtements est revenu
i odmah se kovčeg s odjećom opet vratio
Belle s'est habillée avec ses nouveaux vêtements
ljepotica se obukla u svoju novu odjeću
et pendant ce temps les servantes allèrent chercher ses

sœurs
a u međuvremenu su sluškinje otišle pronaći njezine sestre
ses deux sœurs étaient avec leurs maris
obje njezine sestre bile su sa svojim muževima
mais ses deux sœurs étaient très malheureuses
ali obje su njezine sestre bile vrlo nesretne
sa sœur aînée avait épousé un très beau gentleman
njezina se najstarija sestra udala za vrlo zgodnog gospodina
mais il était tellement amoureux de lui-même qu'il négligeait sa femme
ali je bio toliko sklon sebi da je zanemario svoju ženu
sa deuxième sœur avait épousé un homme spirituel
njezina se druga sestra udala za duhovitog čovjeka
mais il a utilisé son esprit pour tourmenter les gens
ali je svojom duhovitošću mučio ljude
et il tourmentait surtout sa femme
a najviše je mučio svoju ženu
Les sœurs de Belle l'ont vue habillée comme une princesse
ljepotičine sestre vidjele su je odjevenu poput princeze
et ils furent écœurés d'envie
i razboljeli su se od zavisti
maintenant elle était plus belle que jamais
sada je bila ljepša nego ikada
son comportement affectueux n'a pas pu étouffer leur jalousie
njezino nježno ponašanje nije moglo ugušiti njihovu ljubomoru
elle leur a dit combien elle était heureuse avec la bête
rekla im je kako je sretna sa zvijeri
et leur jalousie était prête à éclater
a njihova je ljubomora bila spremna prsnuti
Ils descendirent dans le jardin pour pleurer leur malheur
Sišli su u vrt da plaču o svojoj nesreći
« En quoi cette petite créature est-elle meilleure que nous

? »
"Po čemu je ovo malo stvorenje bolje od nas?"
« Pourquoi devrait-elle être tellement plus heureuse ? »
"Zašto bi ona trebala biti toliko sretnija?"
« Sœur », dit la sœur aînée
"Sestro", rekla je starija sestra
"une pensée vient de me traverser l'esprit"
"jedna misao mi je upravo pala na pamet"
« Essayons de la garder ici plus d'une semaine »
"Pokušajmo je zadržati ovdje više od tjedan dana"
"Peut-être que cela fera enrager ce monstre idiot"
"možda će ovo razbjesniti blesavo čudovište"
« parce qu'elle aurait manqué à sa parole »
"jer bi prekršila riječ"
"et alors il pourrait la dévorer"
"a onda bi je mogao proždrijeti"
"C'est une excellente idée", répondit l'autre sœur
"to je sjajna ideja", odgovorila je druga sestra
« Nous devons lui montrer autant de gentillesse que possible »
"moramo joj pokazati što više ljubaznosti"
les sœurs en ont fait leur résolution
sestre su to odlučile
et ils se sont comportés très affectueusement envers leur sœur
i ponašale su se vrlo nježno prema svojoj sestri
pauvre Belle pleurait de joie à cause de toute leur gentillesse
jadna ljepotica plakala je od radosti zbog sve njihove dobrote
quand la semaine fut expirée, ils pleurèrent et s'arrachèrent les cheveux
kad je tjedan istekao, plakali su i čupali kosu
ils semblaient si désolés de se séparer d'elle
činilo se da im je tako žao rastati se od nje

et Belle a promis de rester une semaine de plus
a ljepotica je obećala da će ostati tjedan dana duže
Pendant ce temps, Belle ne pouvait s'empêcher de réfléchir sur elle-même
U međuvremenu, ljepota nije mogla ne razmišljati o sebi
elle s'inquiétait de ce qu'elle faisait à la pauvre bête
brinula se što radi jadnoj zvijeri
elle sait qu'elle l'aimait sincèrement
zna da ga je iskreno voljela
et elle avait vraiment envie de le revoir
i doista je čeznula da ga opet vidi
la dixième nuit qu'elle a passée chez son père aussi
i desetu noć provela kod oca
elle a rêvé qu'elle était dans le jardin du palais
sanjala je da je u vrtu palače
et elle rêva qu'elle voyait la bête étendue sur l'herbe
i sanjala je da je vidjela zvijer ispruženu na travi
il semblait lui faire des reproches d'une voix mourante
činilo se da joj predbacuje umirućim glasom
et il l'accusa d'ingratitude
a on ju je optužio za nezahvalnost
Belle s'est réveillée de son sommeil
ljepotica se probudila iz sna
et elle a fondu en larmes
a ona je briznula u plač
« **Ne suis-je pas très méchant ?** »
"Nisam li jako zao?"
« **N'était-ce pas cruel de ma part d'agir si méchamment envers la bête ?** »
"Nije li bilo okrutno od mene što sam se tako neljubazno ponašao prema zvijeri?"
"**la bête a tout fait pour me faire plaisir**"
"zvijer je učinila sve da mi ugodi"
« **Est-ce sa faute s'il est si laid ?** »
– Je li on kriv što je tako ružan?

« Est-ce sa faute s'il a si peu d'esprit ? »
— Je li on kriv što ima tako malo pameti?
« Il est gentil et bon, et cela suffit »
"On je ljubazan i dobar, i to je dovoljno"
« Pourquoi ai-je refusé de l'épouser ? »
"Zašto sam se odbila udati za njega?"
« Je devrais être heureux avec le monstre »
"Trebao bih biti sretan s čudovištem"
« regarde les maris de mes sœurs »
"pogledaj muževe mojih sestara"
« Ni l'esprit, ni la beauté ne les rendent bons »
"ni duhovitost, ni ljepota ih ne čini dobrima"
« aucun de leurs maris ne les rend heureuses »
"nijedan od njihovih muževa ih ne usrećuje"
« mais la vertu, la douceur de caractère et la patience »
"nego vrlina, ljupkost i strpljivost"
"ces choses rendent une femme heureuse"
"ove stvari čine ženu sretnom"
"et la bête a toutes ces qualités précieuses"
"i zvijer ima sve te vrijedne kvalitete"
"c'est vrai, je ne ressens pas de tendresse et d'affection pour lui"
"istina je; ne osjećam nježnost naklonosti prema njemu"
"mais je trouve que j'éprouve la plus grande gratitude envers lui"
"ali smatram da imam najveću zahvalnost za njega"
"et j'ai la plus haute estime pour lui"
"i ja ga najviše cijenim"
"et il est mon meilleur ami"
"i on je moj najbolji prijatelj"
« Je ne le rendrai pas malheureux »
"Neću ga učiniti nesretnim"
« Si j'étais si ingrat, je ne me le pardonnerais jamais »
"Da sam bio tako nezahvalan, nikad si ne bih oprostio"
Belle a posé sa bague sur la table

ljepotica stavi svoj prsten na stol
et elle est retournée au lit
i opet je otišla u krevet
à peine était-elle au lit qu'elle s'endormit
jedva da je bila u krevetu prije nego što je zaspala
elle s'est réveillée à nouveau le lendemain matin
sljedeće se jutro ponovno probudila
et elle était ravie de se retrouver dans le palais de la bête
i bila je presretna što se našla u zvijerinoj palači
elle a mis une de ses plus belles robes pour lui faire plaisir
odjenula je jednu od svojih najljepših haljina kako bi mu ugodila
et elle attendait patiemment le soir
a ona je strpljivo čekala večer
enfin l' heure tant souhaitée est arrivée
je došao željeni čas
L'horloge a sonné neuf heures, mais aucune bête n'est apparue
sat je otkucao devet, ali se nije pojavila zvijer
La belle craignit alors d'avoir été la cause de sa mort
ljepotica se tada bojala da je ona uzrok njegove smrti
elle a couru en pleurant dans tout le palais
trčala je plačući po cijeloj palači
après l'avoir cherché partout, elle se souvint de son rêve
nakon što ga je posvuda tražila, sjetila se svog sna
et elle a couru vers le canal dans le jardin
a ona je otrčala do kanala u vrtu
là elle a trouvé la pauvre bête étendue
tamo je našla jadnu zvijer ispruženu
et elle était sûre de l'avoir tué
a bila je sigurna da ga je ubila
elle se jeta sur lui sans aucune crainte
bacila se na njega bez imalo straha
son cœur battait encore

srce mu je još kucalo
elle est allée chercher de l'eau au canal
donijela je vode iz kanala
et elle versa l'eau sur sa tête
i izli mu vodu na glavu
la bête ouvrit les yeux et parla à Belle
zvijer je otvorila oči i obratila se ljepotici
« **Tu as oublié ta promesse** »
"Zaboravio si obećanje"
« **J'étais tellement navrée de t'avoir perdu** »
"Srce mi je bilo tako slomljeno što sam te izgubio"
« **J'ai décidé de me laisser mourir de faim** »
"Odlučio sam se izgladnjivati"
"**mais j'ai le bonheur de te revoir une fois de plus**"
"ali imam sreću vidjeti te još jednom"
"**j'ai donc le plaisir de mourir satisfait**"
"tako da imam zadovoljstvo umrijeti zadovoljan"
« **Non, chère bête** », dit Belle, « **tu ne dois pas mourir** »
"Ne, draga zvijeri", reče ljepotica, "ne smiješ umrijeti"
« **Vis pour être mon mari** »
"Živi da budeš moj muž"
"**à partir de maintenant je te donne ma main**"
"Od ovog trenutka ti dajem ruku"
"**et je jure de n'être que le tien**"
"i kunem se da ću biti samo tvoj"
« **Hélas ! Je pensais n'avoir que de l'amitié pour toi** »
"Jao! Mislio sam da za tebe imam samo prijateljstvo"
« **mais la douleur que je ressens maintenant m'en convainc** » ;
"ali tuga koju sada osjećam uvjerava me;"
"**Je ne peux pas vivre sans toi**"
"Ne mogu živjeti bez tebe"
Belle avait à peine prononcé ces mots lorsqu'elle vit une lumière
rijetka ljepotica izgovorila je ove riječi kad je ugledala

svjetlo
le palais scintillait de lumière
palača je svjetlucala
des feux d'artifice ont illuminé le ciel
vatromet je obasjao nebo
et l'air rempli de musique
a zrak ispunjen glazbom
tout annonçait un grand événement
sve je davalo navijest o nekom velikom događaju
mais rien ne pouvait retenir son attention
ali ništa joj nije moglo zadržati pozornost
elle s'est tournée vers sa chère bête
obratila se svojoj dragoj zvijeri
la bête pour laquelle elle tremblait de peur
zvijer za kojom je drhtala od straha
mais sa surprise fut grande face à ce qu'elle vit !
ali njezino je iznenađenje bilo veliko onim što je vidjela!
la bête avait disparu
zvijer je nestala
Au lieu de cela, elle a vu le plus beau prince
umjesto toga vidjela je najljupkijeg princa
elle avait mis fin au sort
stala je na kraj čaroliji
un sort sous lequel il ressemblait à une bête
čaroliju pod kojom je nalikovao zvijeri
ce prince était digne de toute son attention
ovaj je princ bio vrijedan sve njezine pažnje
mais elle ne pouvait s'empêcher de demander où était la bête
ali nije mogla a da ne upita gdje je zvijer
« Vous le voyez à vos pieds », dit le prince
Vidiš ga kod svojih nogu, reče princ
« Une méchante fée m'avait condamné »
"Osudila me opaka vila"
« Je devais rester dans cette forme jusqu'à ce qu'une belle

princesse accepte de m'épouser »
"Trebao sam ostati u takvom obliku dok se lijepa princeza ne pristane udati za mene"
"la fée a caché ma compréhension"
"vila je sakrila moje razumijevanje"
« tu étais le seul assez généreux pour être charmé par la bonté de mon caractère »
"ti si jedini bio dovoljno velikodušan da te očara dobrota moje ćudi"
Belle était agréablement surprise
ljepotica je bila sretno iznenađena
et elle donna sa main au charmant prince
i pružila je dražesnom princu svoju ruku
ils sont allés ensemble au château
otišli su zajedno u dvorac
et Belle fut ravie de retrouver son père au château
a ljepotica je bila presretna što je zatekla oca u dvorcu
et toute sa famille était là aussi
i cijela njezina obitelj također je bila tamo
même la belle dame qui lui était apparue dans son rêve était là
čak je i lijepa dama koja joj se pojavila u snu bila tamo
"Belle", dit la dame du rêve
"ljepota", rekla je dama iz sna
« viens et reçois ta récompense »
"dođi i primi svoju nagradu"
« Vous avez préféré la vertu à l'esprit ou à l'apparence »
"više voliš vrlinu nego pamet ili izgled"
"et tu mérites quelqu'un chez qui ces qualités sont réunies"
"i zaslužuješ nekoga u kome su ove kvalitete ujedinjene"
"tu vas être une grande reine"
"ti ćeš biti velika kraljica"
« J'espère que le trône ne diminuera pas votre vertu »
"Nadam se da prijestolje neće umanjiti tvoju vrlinu"

puis la fée se tourna vers les deux sœurs
onda se vila okrenu dvjema sestrama
« **J'ai vu à l'intérieur de vos cœurs** »
"Vidio sam unutar vaših srca"
"**et je connais toute la méchanceté que contiennent vos cœurs**"
"i znam svu zlobu koja tvoja srca sadrže"
« **Vous deux deviendrez des statues** »
"vas dvoje ćete postati kipovi"
"**mais vous garderez votre esprit**"
"ali zadržat ćeš se"
« **Tu te tiendras aux portes du palais de ta sœur** »
"stajat ćeš na vratima palače svoje sestre"
"**Le bonheur de ta sœur sera ta punition**"
"sreća tvoje sestre bit će tvoja kazna"
« **vous ne pourrez pas revenir à vos anciens états** »
"nećeš se moći vratiti u svoja bivša stanja"
« **à moins que vous n'admettiez tous les deux vos fautes** »
"osim ako oboje ne priznate svoje greške"
"**mais je prévois que vous resterez toujours des statues**"
"ali predviđam da ćete uvijek ostati kipovi"
« **L'orgueil, la colère, la gourmandise et l'oisiveté sont parfois vaincus** »
"ponos, ljutnja, proždrljivost i besposlica ponekad se pobjeđuju"
" **mais la conversion des esprits envieux et malveillants sont des miracles** "
" ali obraćenje zavidnih i zlonamjernih umova su čuda"
immédiatement la fée donna un coup de baguette
odmah vila udari štapićem
et en un instant tous ceux qui étaient dans la salle furent transportés
i u trenu su se prevezli svi koji su bili u dvorani
ils étaient entrés dans les domaines du prince
bili su otišli u kneževu vlast

les sujets du prince l'ont reçu avec joie
kneževi su ga podanici s radošću primili
le prêtre a épousé Belle et la bête
svećenik je vjenčao ljepoticu i zvijer
et il a vécu avec elle de nombreuses années
i živio je s njom mnogo godina
et leur bonheur était complet
i njihova je sreća bila potpuna
parce que leur bonheur était fondé sur la vertu
jer je njihova sreća bila utemeljena na vrlini

                La fin
                Kraj

www.tranzlaty.com